AF313073

NOTICE

D'ESTAMPES

DES TROIS ÉCOLES,

Tableaux & Deſſeins, après le décès de M. Chauveau, Peintre.

*La vente s'en fera le Lundi 13 Avril
1778, trois heures de relevée & jours
ſuivants, Quai Danjou, la ſixieme
porte cochere après le Pont Mari.*

Le Lundi 13, on vendra les Tableaux ;
le Mardi 14 & jours ſuivants, les Eſtampes & Deſſeins.

La préſente Notice ſe diſtribue,

A PARIS,

Chez

   Me JUBLIN, Huiſſier Priſeur, rue
           Poiſſoniere.
   PIERRE REMY, Peintre, rue des Grands
           Auguſtins.

M. DCC. LXXVIII.

NOTICE

D'Eſtampes & Tableaux, après le décès de M. Chauveau, Peintre.

ESTAMPES EN FEUILLES.

Etienne Della Bella.

1 Le Repoſoir, épreuve anciénne.

2 Les vues de Livourne en 6 pieces, ſept petites marines & deux payſages.

3 Les différentes morts ou ſqueletres en cinq pieces, le départ de Jacob, cinq grands payſages en hauteur, ſept payſages de forme ronde, & ſix autres payſages.

4 Une ſuite de quelques conduites de troupes en 12 pieces, anciennes épreuves, diverſes exercices de Cavalerie en 20 pieces, *Diverſi animali* en 18 morceaux, & la Baraille de Piombino.

5 Des petites marines, diverſes figures & payſages, des têtes Perſan-

A ij

nes, des embarquements, &c. En
tout 70 morceaux.

David Teniers.

6 Trente Estampes, dont plusieurs par
Teniers lui-même, Hollar, Coryn
Boel & autres.

7 La Fête de Village, la réjouissance
Flamande, & la troisieme Fête Fla-
mande, grandes pieces, gravées par
J. P. le Bas.

8 Quarante-trois pieces gravées aussi
par J. P. le Bas, épreuves anciennes.

9 Huit Estampes gravées par A. Laurent & T. Major; belles épreuves.

10 Huit autres Estampes, par Lépi-
cié, Beauvarlet & Chenu.

11 Trente-trois Estampes, gravées par
des Maîtres différents.

Philippe Wouwermans.

12 Cinq belles Estampes, gravées par
J. Visscher; & une par Danckerts,
épreuves anciennes & belles.

13 Cinq eaux - fortes, & une contre-
épreuve, grandes pieces colorées
d'après les Tableaux originaux, par
M. Chauveau.

14 Douze eaux-forte , par Moyreau ,
elles font colorées auffi d'après les
Tableaux originaux , par M. Chauveau.

15 Douze autres , auffi bien colorées.

16 Douze autres colorées.

17 Douze eaux forte , colorées.

18 Neuf épreuves d'eau-forte , dont le
manége par T. Major , toutes colorées.

19 42 eaux-forte , & deux contre-
épreuves , par Moyreau.

20 55 Contre-épreuves par Moyreau.

21 57 Eftampes , par Moyreau , d'a-
près Wouwermans , épreuves anciennes.

22 Halte d'Officiers , Chaffe à l'Ita-
lienne , & le pot au lait , par J. P.
le Bas , belles épreuves.

23 Les adieux & la moiffon , par A.
Laurent , les chevaux à l'abreuvoir,
& le repos des voyageurs , par Moir-
re , les chaffeurs par Moyreau , &
l'eau-forte du manége de Major.

24 Quinze Eftampes auffi de Wouwermans , par des Graveurs François , &
une d'après Van Falens.

A iij

Nicolas Berghem.

25　104 Eſtampes gravées par Berghem
　　lui même, Jean Viſſcher, Danc-
　　kerts & autres.

26　Le Bal, par Jean Viſſcher ; *Juſtus
　　Danckerts, Excudit.*

27　Le grand & beau Payſage de la
　　Collection de Dreſde, gravé par
　　Aliamet, épreuve avant la lettre.

28　Les quatre heures du jour, gravées
　　par J. P. le Bas, épreuves anciennes
　　& belles.

29　Le Maréchal de Campagne, par
　　Leveau & neuf autres Eſtampes.

Adrien Van Oſtade.

30　Trente-cinq eaux-fortes de l'œuvre
　　d'Oſtade, & deux autres pieces.

31　Sept Eſtampes, gravées par Suy-
　　derhoef, Jean & N. Viſſcher.

32　Le Bal, la grande Tabagie, & ſix
　　autres morceaux, dont pluſieurs par
　　Suyderhoef & Jean Viſſcher.

33　28 Eſtampes d'après Oſtade & au-
　　tres Maîtres.

Rembrandt Van Rhyn.

34 L'Annonce aux Pasteurs, Notre Seigneur chassant les Vendeurs du Temple, & trois autres Estampes.

35 La mort de la Vierge, & quatre autres pieces, par Rembrandt.

36 Dix petites Estampes de Rembrandt.

37 Quatre paysages aussi de Rembrandt.

38 Dix Estampes, tant de Rembrandt que d'après lui : le portrait de Bouma, par Visscher, épreuve ancienne, & la Fricasseuse.

39 Quarante sept pieces, gravées par K du Jardin.

40 Neuf Estampes, gravées par Bartholomé, dix de Thomas Wick, & six d'après Corneille Polenburg.

41 Cinquante-six paysages, beaux d'épreuves, ils sont inventés & gravés par Waterlot.

42 Quarante-deux Estampes, belles épreuves de Van Vden, J. Van Aken, Adan Elsheimer & autres.

43 Des paysages de Cor. Matteus, M. Wrenbruck, Van Artois, Vadder & autres Maîtres; en tout 37 pieces.

44 Cinquante-trois payſages de Paul
Bril , Roland Savery , & P. Stepha-
ni , gravés par Sadeler ; plus quatre
payſages d'Herman van Suanevèlt.

45 Trente payſages & marines , dont
pluſieurs d'Hollar.

46 Quarante-quatre eſtampes de Du-
ſart , Goudt , & autres.

47 Seize payſages d'après Ruysdael ,
Vandenveld , Vander Heyde , &
autres Maîtres.

48 Douze eſtampes d'après Verneer ,
& Vandenveld.

49 Deux grands payſages de Rubens ,
par S. A. Bolſwert ; & dix-huit plus
petits auſſi d'après Rubens.

ÉCOLE FRANÇOISE.

Jacques Callot.

50 LA petite Paſſion , en 12 morceaux ; les Apôtres , en 16 pieces ;
les Martyrs du Japon ; la Vie de la
Vierge ; les martyres des Apôtres ;
19 morceaux de la vie de l'Enfant
prodigue ; un maſſacre des Innocents,
& le petit martyre de St. Laurent :
en tout 81 eſtampes.

51 Les Gueux , la Nobleffe , les quatre Bohémiens, les Baillifs & les trois
grands Pantalons : 67 eftampes.

52 La petite foire , épreuve avant le
nom de Callot ; & les deux grandes
vues de Paris, épreuves anciennes.

53 La tentation de St. Antoine.

54 Les grandes & les petites miferes
de la guerre ; les fupplices ; les deux
petits bataillons ; la carriere , & le
parterre de Nancy.

Sébaftien le Clerc.

55 Neuf pieces des grandes conquêtes,
par S. le Clerc , & deux par Cha-
tillon.

56 Les quatre élémens ; l'apothéofe
du Duc de Bourgogne , par Simon-
neau ; le titre des animaux du Jardin du Roi , & quatre autres eftampes.

57 Les petites batailles d'Alexandre,
& la gallerie des Goblins , fix autres
pieces.

58 La multiplication des pains ; le
grand & le petit *Parvulus* ; l'apothéofe d'Ifis ; la Vierge aux Anges ,
& l'entrée d'Alexandre dans Baby-
lone.

59 Un may des Goblins ; la cérémo-
nie de M. Danjeau, & dix autres
morceaux.

Différents Maitres.

60 Douze estampes gravées par Claude
le Lorrain.
61 Neuf autres d'après le Lorrain,
par Vivarès, J. Mason, T. Major,
& J. Moyreau.
62 Cinquante & une estampes d'après
Watteau, dont plusieurs avant la
lettre.

François Boucher.

63 Seize paysages par différents Graveurs.
64 Six pastorales, & autres sujets,
dont plusieurs avant la lettre.
65 Quatorze estampes gravées à la ma-
niere du crayon, par Demarteau &
autres.
66 Quarante estampes de divers Graveurs.
67 Des fontaines, des figures chinoi-
ses, & une suite d'après Bloemaert,
gravée par Boucher : en tout 42 estampes.
68 Trente-sept estampes diverses.

Joseph Vernet.

69 La tempête & le calme , par Balé-
chou : estampes anciennes , & belles
épreuves.

70 Isles de l'Archipel , par le Char-
pentier ; & une vue des galeres de
Naples , par le Bas.

71 Quatre paysages & marines , par
Aliamet , une de J. Leveau , & une
par Chenu.

72 Huit autres estampes , dont plusieurs avant la lettre.

73 Sept autres , dont trois avant la
lettre.

74 La tempête au clair de la lune , &
le grand naufrage , par G. S. de Flu-
met.

75 Trois belles & grandes marines ;
épreuves avant la lettre.

76 Sept estampes , dont une par M. de
Marcenay.

77 Vingt & une estampes d'après Lan-
cret & Pater.

DIFFÉRENTS MAITRES.

78 Quarante-trois vues de maisons

royales, chaſſe & ſujets de guerre, inventés & gravés par J. Rigaud.

79 Six portraits d'après Hyacinthe Rigaud, dont celui de M. de Boſſuet, par P. Drevet.

80 Dix-neuf portraits d'après différents Maîtres.

81 Six eſtampes gravées d'après J. B. Greuze.

82 Seize autres d'après Wouet, le Brun, & autres.

83 La Madeleine chez le Phariſien, par Duchange; & deux deſcentes de croix, par Deſplaces d'après Jouvenet; bonnes épreuves.

84 Treize eſtampes, de François le Moine, Natoire, Carle, & autres.

85 Dix-huit autres, de Coypel, Oudry, Jouvenet, Lafoſſe, &c.

86 Le Chriſt ſorti du tombeau, grande piece, d'après Annibal Carrache, par Roullet : la Nativité, d'après le Guide, par Poilly.

87 Vingt-cinq eſtampes, dont le plus grand nombre d'après des Maîtres Italiens.

88 Quatorze eſtampes, d'après Tull, Mieris, Steen, Béga, & autres.

89 Vingt autres , dont plusieurs d'a-
près le Gaspre Poussin.

90 Vingt , d'après des Maîtres différents.

91 Trente estampes , d'après des Maîtres Flamands & François.

92 Cinquante autres estampes.

93 Cinquante - trois portraits , dont
le plus grand nombre d'après Van
Hulle.

94 Quarante paysages , du Bour-
don , Albert Meyeringh , Boissieux,
& autres.

95 Dix-huit estampes , à l'imitation
du dessein & du lavis , par MM.
Labbée de St. Nom & Demarteau.

96 Trente-quatre autres , d'après Bou-
logne , Lafosse , Corneille , &c.

97 Cinquante-quatre estampes, de Ri-
dinger , Gryef , Oudry , & autres.

98 Vingt-&-un paysages , & dix autres estampes réprésentant des fleurs,
par Baptiste Monoyer.

99 Soixante - cinq paysages presque
tous de Pérelle.

100 Quatre grandes estampes , d'a-
près J. E Chéneau , par Claude
Duflos.

101 Quarante neuf estampes , d'Hol-

lar, Raoux, & autres.

102 Trente six estampes de Vander Meulen, dont le Pont-Neuf par Huchenburgh.

103 Quatorze autres, d'après le Barroche, Paul Véronese, & autres Italiens.

104 Douze estampes d'après des Maîtres des trois Ecoles.

105 Huit grandes pieces, Fêtes & Mausolées, par Mrs Cochin pere & fils.

106 Le frappement du Rocher, par Claudia Stella, d'après le Poussin, & six autres estampes.

107 Une pareille estampe du frappement du Rocher, par C. Stella, & onze autres morceaux de Maîtres François.

108 Vingt-cinq estampes du Dominiquain, Lanfranc, Guerchin & autres Italiens.

109 Huit estampes de Nicolas de Bruyn.

110 La Devideuse de Gerard Dow, par J. G. Wille; quatre autres estampes, d'après des Maîtres Hollandois, & une suite de 33 petites figures, par Hollar.

111. Dix mois de l'année en cinq feuilles , par Sadeler , d'après Paul Bril ,
onze autres mois en 11 feuilles ,
par Ja. Mathan, d'après Wildens ,
& 16 payfages de Vinckboon ,
Mompre & autres.

112 Cinquante payfages , dont plufieurs d'Hollar.

113 Trente eftampes des trois Ecoles.

114 Cinquante - huit morceaux de
Callot & la Belle.

115 La pierre du Louvre , par S. Le-
clerc ; la Mariée de Village & l'ifle
de Cyther, d'après Watteau, épreuves avant la lettre.

116 Quarante-deux payfages & fujets.

117 Soixante eftampes diverfes.

118 Soixante autres.

119 Dix grandes eftampes , d'après
Rubens.

120 Quarante-fix eftampes.

121 Louis XIV & Louis XV ; le
portrait de Champagne , par G.
Edelinck, & quatre autres eftampes.

122 Soixante payfages.

123 Soixante autres payfages.

124 Cinquante-deux payfages & marines.

125 L'eftampe de Billon & le triom-

phe de Saint Ignace , colorées ; pluſieurs autres eſtampes de Théodore
de Bry , Benedette , &c. en tout 24.

125 *bis.* Cent ſix payſages , & quelques
ſujets , gravés par Sadeler.

126 Soixante & douze payſage , par
Piraneſi , Waterloo & Marot.

127 Quatre-vingt-dix-huit payſages de
Romyn de Hooge , Van Orley , Zee-
man & autres.

128 Quatre-vingt eſtampes diverſes.

129 Quarante-cinq eſtampes , d'après
des Maîtres Flamands & François.

130 Soixante & cinq autres de Borh ,
Lione , Rysbrack , Loutherbourg &
autres.

131 Le Cloître des Chartreux en 22
morceaux , d'après le Sueur , par
Chauveau ; la Vie de J. C. en 60
morceaux , par Gillot ; 28 payſages,
par Reclam , & 22 d'après Vander
Meulen.

132 Cent vingt payſages & ſujets ,
dont pluſieurs d'Albert Durer.

133 Cent vingt-quatre eſtampes diverſes.

134 Quatre-vingt-dix-neuf payſages ,
d'après Paul Bril & Nieulant.

135 Soixante & douze eſtampes de

Callot, la Belle & Rembrandt.

136 Cent dix paysages divers.

137 Cent vingt-cinq estampes, dont plusieurs jolies vignettes.

138 Cent vingt paysages & petits sujets.

139 Quatre-vingt-douze estampes de Vanden Veld, Suanevelt & autres.

140 Quatre-vingt-dix-sept estampes d'ornements, paysages & marines, & 52 estampes de la suite de Touloufe, d'après Cazes, par C. N. Cochin.

141 Plusieurs eaux-forte du Guide, & autres estampes ; en tout 51.

Livres & Recueils d'Estampes.

142 Les Saints de l'année, par Callot, *in 4°. vélin.*

143 Les Métamorphofes, par Wilhelm Baur, *in-4°. oblon. mar. rouge.*

144 La Vie & les Miracles de J. C. & des vues des plus beaux Ports, Jardins, Palais, &c. par Melchior Kufell, d'après Willem Baur, grand *in-4°. oblong, bafane.*

145 Métamorphofes d'Ovide en rondeau, imprimées & enrichies de figures, par ordre de Sa Majefté, & dé-

diées à Monseig. le Dauphin. *Paris,*
Imprimerie Royale, 1676, *in-4°.*
veau.

146 Les Fontaines, Palais & lieux
publics de Rome, par Falda, *in* 4°.
oblong.

147 *Il Nuovo Teatro della fabriche &*
Edificii in Prospettiva di Roma Mo-
derna, VII. en 4 suites, *in-*4°. *obl.*
vélin.

148 Vues des Eglises, Places publiques
& Palais de la Ville de Venise, *in-*
fol. vélin vert.

149 *Groote Vissery* ; en 45 pieces,
gravées par A. Van der Laan, *in-*4°.
vélin moucheté.

150 Les estampes des Fables de La-
motte en 90 morceaux, *in-*8°. *obl.*
veau.

151 L'Histoire Sacrée, en tableau,
avec leur explication, par Brian-
ville ; les estampes font de le Clerc,
3 *vol. in* 8.

152 Les Fables en 52 morceaux, *in-*
8°. *veau.* Quadrins Historiques de la
Bible. *A Lyon,* par Jean de Tour-
nes, 1558, *in-*12°.

153 Panégyriques & Harangues à la
louange du Roi. *Paris,* 1680. Figures de le Clerc, *in-*12. & deux au-

res volumes.

154 Deux volumes , *in 4º*. contenant
250 payſages.

155 Les Fontaines, Palais & Jardins
de Rome , par *Franceſco Venturini*,
partie 3ᵉ. en 26 morceaux en feuilles. Une ſuite de vaſe, par Sally ,
en 31 pieces.

156 Un Œuvre de payſage de Perelle,
en 807 morceaux , en feuilles dans
deux cartons.

157 Trois Recueils contenants 42
payſages de Perignon, & autres ;
53 eſtampes repréſentants des poiſ-
ſons & des payſages; le plus grand
nombre par Albert Flamen , & 57
payſages d'après Weirotter.

158 L'Œuvre des payſages & marines , en 33 pieces , gravées par Man-
glard.

158 *bis*. Deſſeins en feuilles.

159 88 Deſſeins de différens Artiſtes,
dont le plus grand nombre par M.
Chauveau.

160 72 Deſſeins colorés, par M. Chauveau.

161 72 autres Deſſeins auſſi colorés.

162 72 Autres.

163 72 Deſſeins colorés , par M.
Chauveau.

164 172 *Ditto.*

165 72 *Ditto.*

166 72 Desseins.

167 72 Autres aussi par M. Chauveau.

168 72 *Ditto.*

169 72 Autres.

170 Un porte-feuille de desseins &
estampes.

171 Un autre porte-feuille de Desseins & estampes.

172 Des études de figures, animaux,
&c. peintes à huile.

173 Des estampes sous verre, dont
on composera plusieurs articles.

Tableaux.

174 Des fleurs dans un vase posé sur
une table. Ce tableau, riche de com-
position, & du meilleur temps de
Baptiste Monoyer, est peint sur une
toile de 3 pieds 4 pouces de haut,
sur 2 pieds 6 pouces de large.

175 La Priere au jardin, représentée
en bas-relief dans le milieu d'une
belle guirlande de fleurs, par le *Jé-
suite d'Anvers* : ce tableau est peint
sur toile, qui porte 2 pieds 4 pouces de haut, sur 2 pieds de large.

176 La naissance de Bacchus, compo-
sition agréable, par un ancien Maî-

tre. Ce tableau eft peint fur bois ;
hauteur 2 pieds 3 pouces, largeur
1 pied 7 pouces.

177 Deux tableaux d'architecture &
payfages avec figures, par *Monper-
ché* : ils font fur toile, & portent
chacun 2 pieds 5 pouces de haut,
fur 4 pieds 2 pouces de large.

178 La Sainte Famille, & plufieurs
autres figures : tableau fur toile collée fur bois ; hauteur 17 pouces 6
lignes, largeur 13 pouces 6 lignes.

179 Une chaffe au vol, par J. R. Boih;
peinte fur bois : hauteur 12 pouces
3 lignes, largeur 14 pouces 6 lignes.

180 Quatre tableaux faits à la *prefto*,
par Verdier : ils repréfentent des fujets du Nouveau Teftament ; ils font
peints fur cuivre : hauteur de chacun
7 pouces, largeur 5 pouces 3 lignes.

181 Une marine, dans le ftyle de Mon-
tagne de Venife ; fur une toile de 9
pouces 3 lignes de haut, fur 14 pouces 6 lignes de large.

182 Un payfage enrichi de côteaux,
fur toile de 10 pouces de haut, fur
14 de large.

183 Un homme affis, ôtant une épine
de fon pied ; tableau de Goubault,
fur une toile collée fur bois : hauteur

5 pouces, largeur 7 pouces.

184 Le buſte d'une Bacchante. Ce tableau, très agréable & frais de colo-
ris, eſt peint ſur bois, de forme
ovale ; hauteur 5 pouces, largeur 4
pouces.

185 Les quatre éléments, eſquiſſe d'un
plafond que M. Chauveau le pere
a peint dans le Palais de Stockholm,
ſur toile qui porte 1 pied 10 pouces
de haut, ſur 3 pieds 3 pouces de
large.

186 Deux tableaux ſur toile, chacun
de 2 pieds 6 pouces de haut, ſur 4
pieds de large : l'un repréſente le
Quartier général de l'Armée Hol-
landoiſe ; l'autre la grande Chaſſe
au cerf, par M. Chauveau, d'après
les originaux de Philippe Wouwermans, qui étoit au cabinet de Mad.
la Comteſſe de Verrue. On en trou-
ve les eſtampes gravées pas J. Moyreau, numéro 19 & 20.

187 Le pot-au lait, auſſi par Chauveau, d'après Wouwermans, ſur
une toile de 21 pouces de haut, ſur
27 de large.

188 Un payſage avec architectures &
des figures, par Patel ; ſur toile de
3 pieds de haut, ſur 4 pieds de large.

189 La petite Foire, de Callot, peinte
ſur bois par M. Chauveau ; hauteur
7 pouces, largeur 13 pouces.

190 Le parterre de Nancy, peint à
huile par M. Chauveau : hauteur 6
pouces 3 lignes, largeur 18 pouces
6 lignes.

191 Un homme & une femme aſſis dans
une campagne. Ce tableau, peint
ſur bois d'après D. Teniers par M.
Chauveau, porte 8 pouces 6 lignes
de haut, ſur 10 pouces de large.

192 Deux autres copies, d'après D.
Teniers, compoſées chacune d'une
figure : hauteur 7 pouces, largeur
5 pouces.

193 Une Fête Flamande, d'après Teniers, peinte ſur bois ; hauteur 11
pouces, largeur 16 pouces.

194 Deux payſages ornés de fabriques & de figures, d'après Teniers,
ſur toile, chacun de 15 pouces de
haut, ſur 23 pouces de large.

195 La vue du Pont-Saint-Ange, d'a-
près M. Vernet, ſur toile de 2 pieds
3 pouces de haut, ſur 2 pieds 11
pouces de large.

196 Du payſage & des fabriques au
bas de la mer, d'après Brenghel,
ſur bois ; hauteur 7 pouces, largeur

9 pouces.

197 Une marine peinte sur toile, de
18 pouces de haut, sur 22 pouces
de large, par un Artiste Flamand.

198 Deux jolis paysages, dans le goût
de Breughel ; ils sont sur bois, de
forme ovale : hauteur 3 pouces 3 lignes, largeur 4 pouces.

199 Un tableau de Desportes, repré-
sentant le combat d'un chien avec
une chatte, des petits chats ; un
buffet, des fruits, &c. sur une toile
de 2 pieds 11 pouces de haut, sur
4 pieds 2 pouces 6 lignes de large.

200 Plusieurs tableaux, d'après Wouwermans, Breughel, Vernet, Boucher, & autres Maîtres.

201 Plusieurs grands & petits dessus-
de porte, d'après Patel, Oudry, &
autres Artistes.

F I N.

Lu & approuvé, ce 28 Mars 1778.
R O B I N.

Vu l'approbation ; permis d'imprimer, ce 28
Mars 1778. LE NOIR.

De l'Imprimerie de D I D O T l'aîné, rue
Pavée Saint-André-des-Arcs, 1778.

www.ingramcontent.com/pod-product-compliance
Ingram Content Group UK Ltd.
Pitfield, Milton Keynes, MK11 3LW, UK
UKHW021641130726
13696UKWH00005B/2334